WE ALSO FOUND ILLEGAL DEDUCTIONS TO OUR PAY.

THERE'S A DEDUCTION FOR $25.00 FOR VAN RIDES TO THE HOUSES.

CAN SHE DO THAT?

ONE TIME, A WORKER DID NUMBER TWO IN THE BATHROOM AND FORGOT TO FLUSH. THE OWNER WAS FURIOUS.

THEY CANCELLED THE CONTRACT BECAUSE YOU DIDN'T SUPERVISE THE CLEANERS PROPERLY! I'M TAKING $500.00 OUT OF YOUR PAYCHECK.

ALL OF THESE THINGS THE OWNER DID UPSET US, BUT IT WAS ONLY AFTER SHE ACCUSED ME OF STEALING THAT WE DECIDED TO FIGHT BACK.

IT ALL STARTED WHEN I FOUND OUT THAT THE OWNER WAS PAYING MORE TO ANOTHER WORKER.

HEY, WE ARE BEING TAKEN ADVANTAGE OF, BECAUSE ONE OF US IS GETTING PAID MORE THAN THE OTHERS.

HER BOSS LISTENING ON WORKER'S PHONE.

THE NEXT WEEK, THE OWNER TOLD ME THAT THEY HAD CAMERAS IN ONE OF THE HOUSES, AND THEY HAD PROOF THAT I HAD STOLEN A COMPUTER CHIP.

THEN SHOW ME THE VIDEO, SO I CAN SEE MYSELF STEALING THE CHIP.

NO, WE CANNOT SHOW YOU THAT.

WHY DON'T YOU COME OVER TO MY APARTMENT AND LOOK THROUGH MY STUFF? SEE IF YOU CAN FIND THE CHIP IN MY APARTMENT?

SHE CAME AND SEARCHED MY APARTMENT THOROUGHLY. BUT OF COURSE SHE DIDN'T FIND ANYTHING BECAUSE I DIDN'T STEAL ANYTHING. I EARN MY MONEY!

YOU HAVE STIRRED UP A BEE HIVE. NOW ALL OF THE OTHER LADIES ARE UPSET WITH ME. YOU MADE ALL OF THIS TROUBLE. YOU SHOULD HAVE TOLD ME THAT DIRECTLY.

WE ALWAYS TOLD YOU ABOUT THINGS LIKE THIS, BUT YOU NEVER LISTENED TO US. YOU NEVER LISTENED TO OUR PROBLEMS.

THEN WE FOUND OUT ABOUT THE HOUSTON FAITH AND JUSTICE WORKER CENTER THROUGH A FRIEND OF ZENAIDA'S.

YOU KNOW WHAT, YOUR BOSS CAN'T DO THAT, AND YOU DON'T HAVE TO BE SILENT--YOU HAVE TO GO TO THIS PLACE, THE WORKER CENTER. THEY CAN HELP YOU FIGHT FOR YOUR RIGHTS!

WHAT IS WAGE THEFT?

Lupita's story is not unique. Employers take a bite out of workers' wages in several ways.

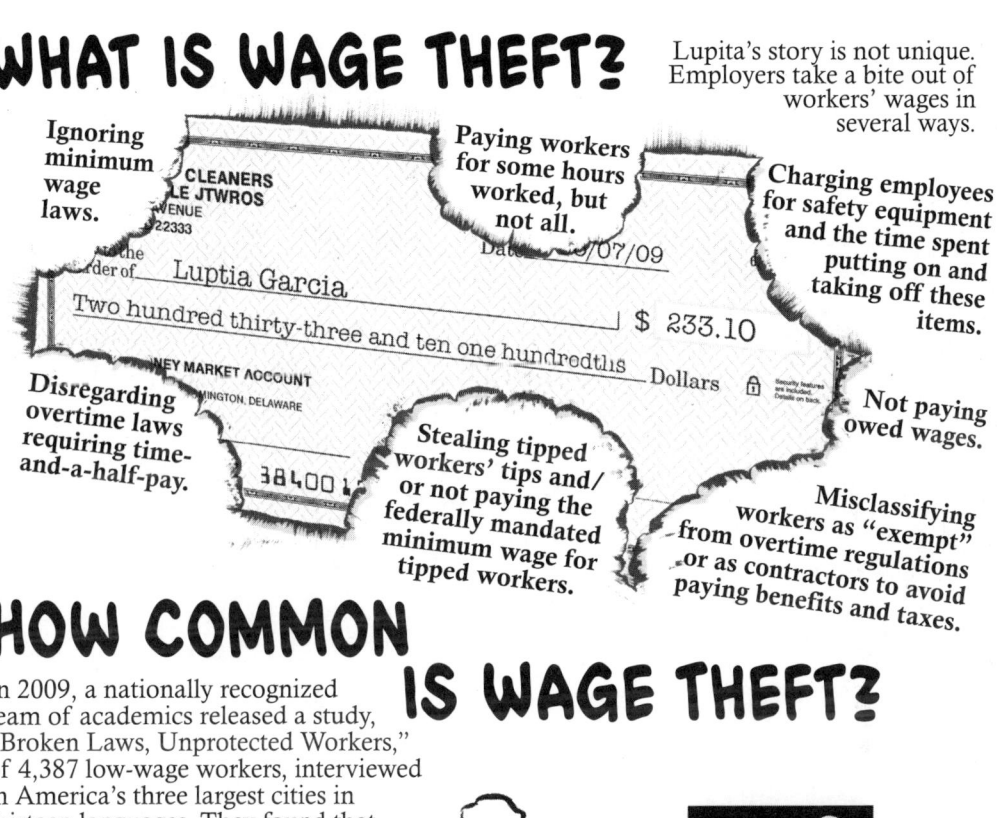

- Ignoring minimum wage laws.
- Paying workers for some hours worked, but not all.
- Charging employees for safety equipment and the time spent putting on and taking off these items.
- Disregarding overtime laws requiring time-and-a-half-pay.
- Stealing tipped workers' tips and/or not paying the federally mandated minimum wage for tipped workers.
- Not paying owed wages.
- Misclassifying workers as "exempt" from overtime regulations or as contractors to avoid paying benefits and taxes.

HOW COMMON IS WAGE THEFT?

In 2009, a nationally recognized team of academics released a study, "Broken Laws, Unprotected Workers," of 4,387 low-wage workers, interviewed in America's three largest cities in thirteen languages. They found that **43.6%** of workers had experienced wage theft in the year before.

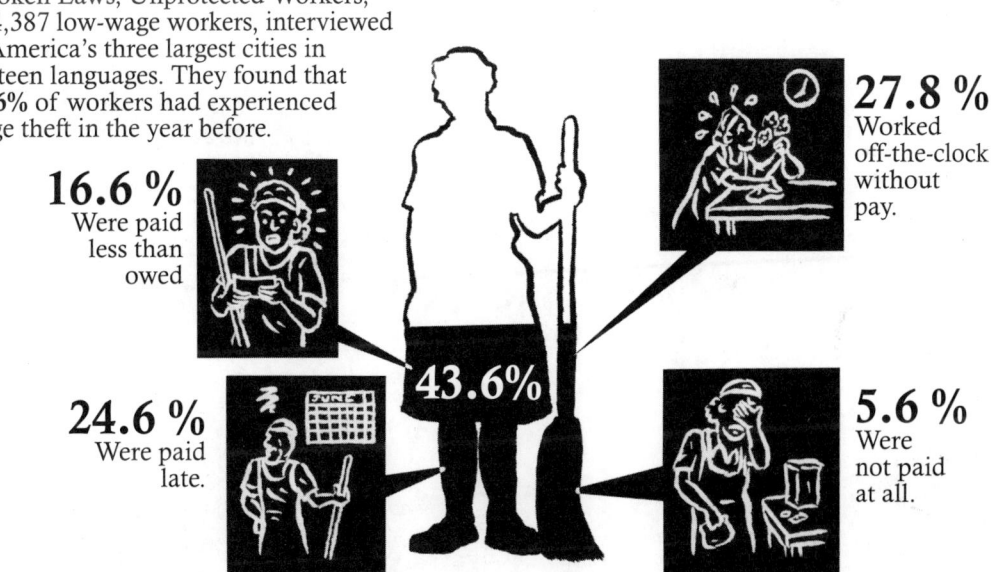

- **16.6%** Were paid less than owed
- **27.8%** Worked off-the-clock without pay.
- **24.6%** Were paid late.
- **5.6%** Were not paid at all.
- **43.6%**

The average worker lost $51 per week, out of $339 in earnings. This translates into $2,634 annually, 15% of their true annual earnings of $17,616. If that worker was to work a 40 hour work week, the first 6.67 hours would be unpaid.

MONDAY	TUESDAY	WEDNESDAY	THURSDAY	FRIDAY

8 hours worked per day.

6.67 hours unpaid

WAITING TABLES IS HARD WORK. FOR SOME, LIKE JEREMY, IT'S A WAY TO PAY THE RENT AS THEY PURSUE ANOTHER DREAM.

BLACK BEAN FETTUCCINI...

ANATOMY TEST TUESDAY...

CHIPOTLE ROASTED CORN RISOTTO.

PAY RENT FRIDAY...

RESTAURANT WORKERS LIKE JEREMY ARE AT THE CENTER OF THE WAGE THEFT EPIDEMIC.

ACCORDING TO THE "BROKEN LAWS, UNPROTECTED WORKERS" STUDY, **59%** WERE NOT PAID FOR OVERTIME HOURS, **13%** WERE NOT PAID THE MINIMUM WAGE, AND, LIKE JEREMY, **19%** HAD TIPS STOLEN BY MANAGEMENT.

HUH?! IT'S A PERSONAL CHECK. THERE'S NOTHING HERE ABOUT TAXES. AND...

WHAT HAPPENED TO MY TIPS?

PAYING TIPS BY CREDIT CARD MAKES IT EASIER FOR MANAGEMENT TO STEAL THEM. THIS IS WHAT HAPPENED AT RUGGLES, A POPULAR RESTURANT IN HOUSTON, WHERE 90% OF CUSTOMERS PAY THAT WAY.

AFTER THEIR REQUESTS FOR FULL PAYMENT OF WAGES AND TIPS WENT UNHEEDED BY THE OWNER FOR MONTHS, THE WAITERS DECIDED THEY'D HAD ENOUGH.

WHAT AM I GOING TO TELL MY LANDLORD?

HE HAS CASH TO OPEN A PIZZERIA BUT NONE TO PAY US?!

ON A SATURDAY NIGHT IN DECEMBER OF 2011, JEREMY AND FOUR OTHER WAITERS STAGED A WALKOUT, JOINED BY A SURPRISE ALLY.

THE WALKOUT DREW LOCAL MEDIA ATTENTION, BUT NO JUSTICE, SO THE WAITERS FILED A CASE WITH THE TEXAS WORKFORCE COMMISSION.

SORRY FOLKS, WE'RE DONE WORKING FOR FREE.

I DON'T CARE IF I AM PART OF THE MANAGEMENT. YOU GUYS SHOULD GET PAID.

WORKERS FIGHTING THEIR OWN CASES OF WAGE THEFT WITH THE FAITH AND JUSTICE CENTER WORKER CENTER CAME OUT TO SUPPORT THE WAITERS.

THEIR CASE IS STILL PENDING. THE OWNER ADMITTED OWING THE WORKERS MORE THAN $14,000 BUT ALSO SUED THEM FOR LIBEL. THE RESTAURANT CLOSED A FEW MONTHS LATER.

"WHEN I LEFT THAT TIP, I MEANT IT FOR THE WAITER WORKING FOR LESS THAN MINIMUM WAGE, NOT THE OWNER DRIVING THE FANCY CAR!"

"YEAH! PAY 'EM!"

JEREMY IS STILL IN SCHOOL, WAITING TABLES ELSEWHERE.

BUT TIP-STEALING ISN'T THE ONLY KIND OF WAGE THEFT HAPPENING IN RESTAURANTS. SEBASTIAN IS A MAYAN DISHWASHER FROM GUATEMALA WHO WAS WORKING TEN TO TWELVE HOURS A DAY FOR VERY LITTLE PAY.

"AND FOLKS, REMEMBER TO TIP IN CASH! IT'S HARDER TO STEAL."

"HE ONLY PAID ME THIRTY DOLLARS IN CASH LAST WEEK!"

"I THINK I KNOW SOMEONE WE CAN TALK TO."

DETERMINED TO FIND JUSTICE, HE AND ANOTHER WORKER, MANUEL, WALKED TO THE GUATEMALAN CONSULATE WHERE THEY FOUND ALMA, WHO ADVOCATES FOR GUATEMALAN CITIZENS LIVING AND WORKING IN THE UNITED STATES.

SHE ADVISED THAT THEY QUIT THEIR JOB IMMEDIATELY AND TALK TO THE PEOPLE AT THE WORKER CENTER.

"ARE YOU SURE ABOUT THIS?"

"WE HAVE TO START SOMEWHERE"

"IT'S IN A CHURCH?"

"THEY SAID TO RING THE BELL AT THE SIDE DOOR."

THE WORKER CENTER HAS REGULAR "KNOW YOUR RIGHTS" MEETINGS TO HEAR WORKER'S CASES AND SOMETIMES CAN REFER APPROPRIATE CASES TO A LAWYER WHO CAN HELP.

SO FAR, ONLY SEBASTIAN AND MANUEL HAVE JOINED THE CASE. THE OTHERS ARE FRIGHTENED OR HAVE DRIFTED AWAY. WILL THEY GET WHAT IS THEIR DUE? TURN THE PAGE TO SEE THEIR CHANCES.

"YES, I THINK WE MAY BE ABLE TO RECOVER SOME OF YOUR WAGES. BUT YOU NEED TO GET OTHER WORKERS TO JOIN YOUR CASE-- OTHERWISE THEY WILL SAY YOU ARE JUST A DIFFICULT PERSON THEY FIRED."

"YOU THINK WE'LL GET THE MONEY WE ARE OWED?"

"TIME WILL TELL."

PATH TO JUSTICE: THE WAGE THEFT GAME

NOTE FROM MANUFACTURER: Welcome to the Houston Edition of *Path to Justice: The Wage Theft Game.* If you live in any other locality, you will need to purchase a different edition of this game, because wage theft laws vary from state to state and city to city.

GAME RULES.

To play: Each player's wage theft case has been taken by an attorney working with the Faith and Justice Worker's Center. Roll a die at the beginning of each turn and advance the required number of spaces. Follow the instructions at each space where you land. When you reach the "Justice" space (exact count not required), role the die once more to determine the amount of your settlement/award. **GOOD LUCK!**

- The Worker Center helps you file a Small Claims lawsuit against your employer. Move ahead 2 spaces.
- Local clergy hold prayer vigil. Move forward 3 spaces.
- You signed a form waiving all rights to sue employer. Go back 4 spaces.
- Wage and Hour Division receives complaint. Move ahead one space but lose two turns due to staff case overload.
- Employer offers you 1/3 of owed wages. Lose a turn considering offer.
- Can't pay tuition bill. Go back four spaces.
- Worker Center calls employer. Move ahead 3 spaces.
- Half of the workers in your lawsuit return to their native country and cannot be located. Go back 3 spaces.
- Employer declares bankruptcy; lose all chance of recovering any wages. GAME OVER.

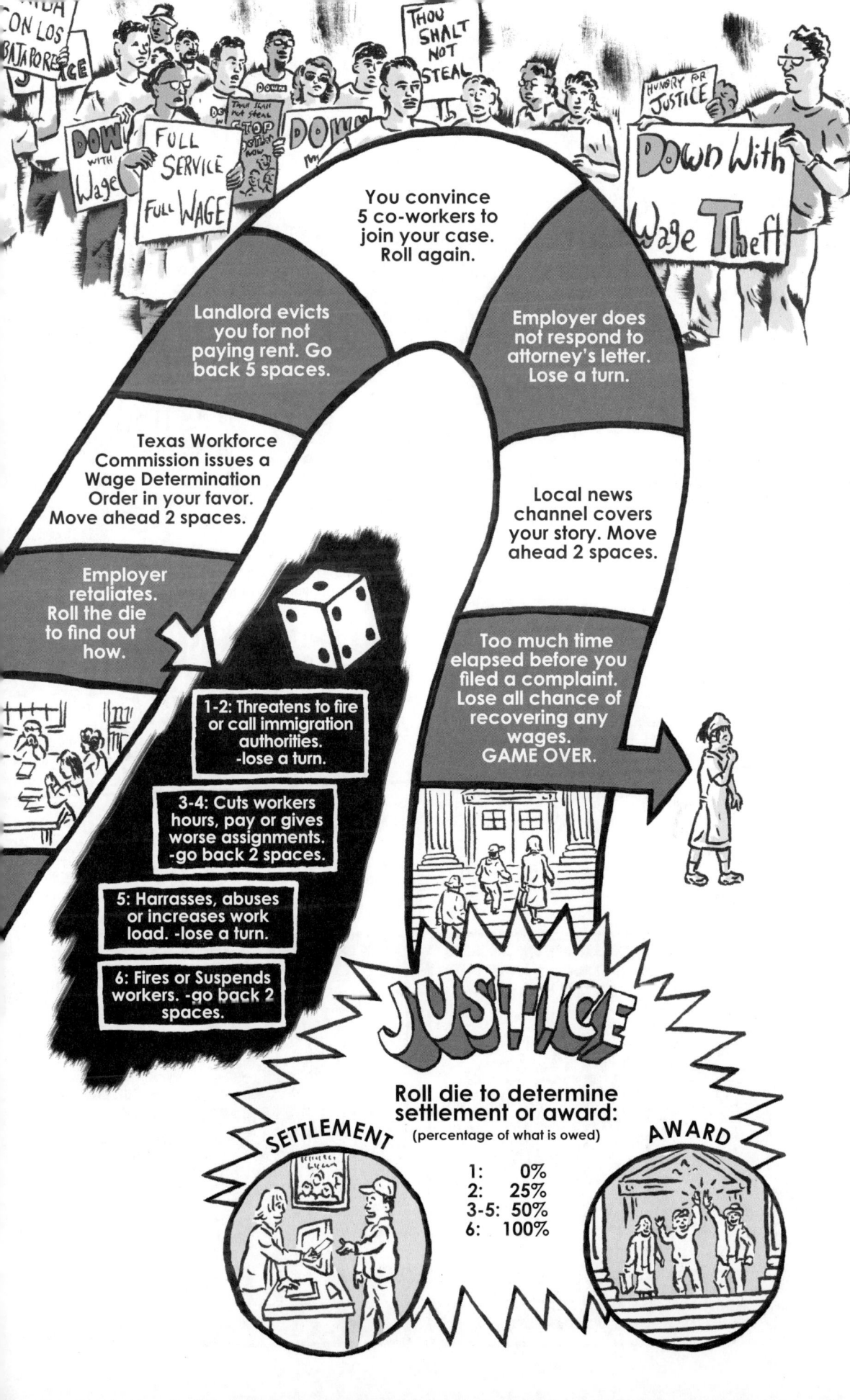

WHO ARE THE VICTIMS OF WAGE THEFT?

Among Urban, Low-wage Workers:

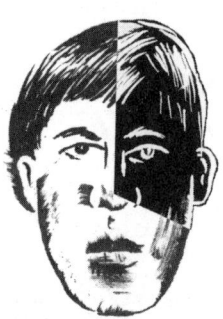  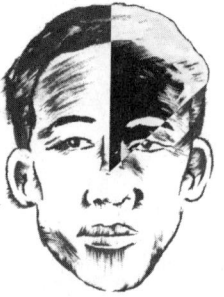 

32.8% of Latinos   **19.1% of Blacks**   **15.1% of Asians,**   **7.8% of Whites**

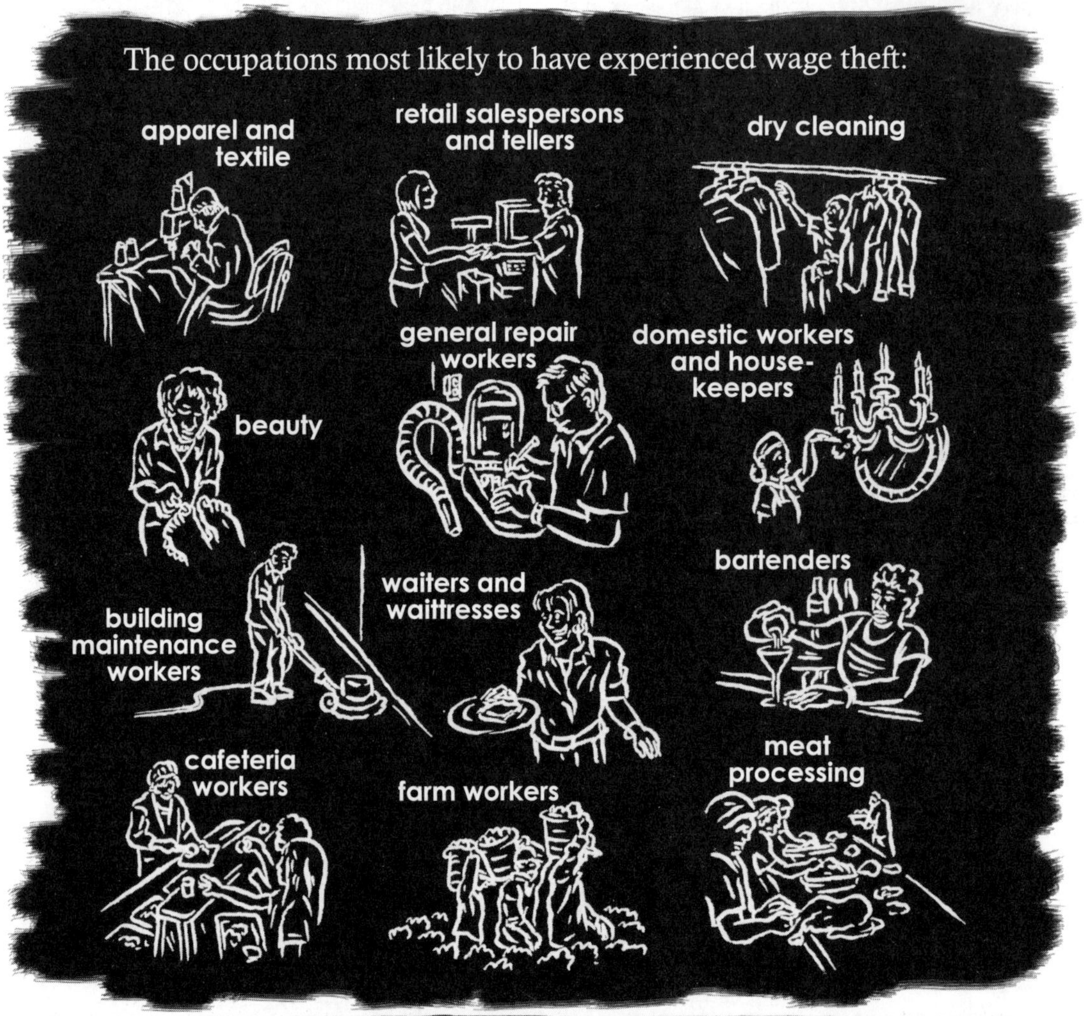

The occupations most likely to have experienced wage theft:

- apparel and textile
- retail salespersons and tellers
- dry cleaning
- beauty
- general repair workers
- domestic workers and housekeepers
- building maintenance workers
- waiters and waittresses
- bartenders
- cafeteria workers
- farm workers
- meat processing

Undocumented immigrants experience wage theft more often than documented immigrants and citizens, but these groups also have their wages stolen at inexcusably high levels.

Type of Violation	Undocumented Immigrants	Documented Immigrants	Citizens
Minimum Wage	37.1%	21.3	15.6
Overtime	84.9%	67.2	68.2
"Off the Clock"	76.3%	68.9	67.0

WAGE THEFT IS A CRIME THAT CHALLENGES ITS VICTIMS' FAITH IN THE FAIRNESS OF OUR ECONOMY AND THE LEGAL SYSTEM.

TOO OFTEN, HARDWORKING CAREGIVERS FIND THEMSELVES VICTIMS OF WAGE THEFT. THEY PUT IN LONG HOURS TAKING CARE OF THE DEVELOPMENTALLY DISABLED, THE ELDERLY, AND OTHER VULNERABLE PEOPLE.

7:00 AM

NOON

7:00 PM

BY STANDING UP TO WAGE THEFT, WE CAN HELP THOSE WHO HELP THE MOST VULNERABLE IN OUR COMMUNITIES.

HAVE FAITH!

KATHY WAS A NURSING STUDENT WHO WORKED FOR ALDINE COMMUNITY CARE CENTER, A CHRISTIAN FACILITY FOR DEVELOPMENTALLY DISABLED ADULTS. THE FACILITY IS OWNED AND OPERATED BY REVEREND JESSE DUNN AND HIS WIFE.

WHEW... THAT'S ANOTHER 12 HOURS

7:19 PM

KATHY LOVED HER JOB BUT AFTER ONLY A MONTH OF WORK, SHE NOTICED A PROBLEM.

IT'S BEEN A WEEK SINCE I WAS SUPPOSED TO GET MY CHECK--WHAT IS GOING ON?

HAVE FAITH!

HEALTH CARE WORKERS ARE INCREASINGLY VULNERABLE TO WAGE THEFT. A 2004 DEPARTMENT OF LABOR STUDY FOUND THAT 55% OF NURSING HOMES WERE VIOLATING WAGE AND HOUR LAWS.

(BOBO, P. 9)

ONE MONTH LATER...

SO I FINALLY GOT LAST MONTH'S CHECK--BUT WHAT ABOUT THIS MONTH? SCHOOL IS STARTING AND MY TUITION IS DUE. I NEED TO GET PAID!

WELLLLLL, WE JUST HAVE A LITTLE BIT OF A PROBLEM, BUT JUST HAVE FAITH.

WELL, FAITH IS NOT GOING TO PAY MY BILLS! AND YOU KNOW YOU DON'T HAVE A PROBLEM WITH ME COMING INTO WORK. I GO IN EARLY AND I ALWAYS STAY LATE. YOU KNOW, I NEVER MISSED A DAY.

JUST HAVE FAITH. REVEREND DUNN WILL TAKE CARE OF YOU.

BUT KATHY DECIDED TO TAKE ANOTHER PATH:

INSTEAD, I WENT TO THE TEXAS WORKFORCE COMMISSION. THEY HAD A FILE ON DUNN! HE WOULD OPEN BUSINESSES UNDER DIFFERENT NAMES, AND NOT PAY PEOPLE, THEN CLOSE THE BUSINESS, THEN OPEN IT UNDER ANOTHER NAME.

"... BE CAREFUL HOW WE PRESENT OURSELVES BECAUSE WE NEVER KNOW WHO IS EXAMINING THE EVIDENCE."

A LADY I WORKED WITH AT THE WORKFORCE COMMISSION TOLD ME ABOUT LAURA AND THE WORKER CENTER.

YOU ARE THE FOURTH EMPLOYEE FROM ALDINE TO REPORT A PROBLEM GETTING PAID.*

EVENTUALLY FIVE, PLUS TWO WHO WORKED AT DUNN'S CHURCH.

SOME EMPLOYERS ARE JUST UNAWARE OF THE LAW, AND THEY MOVE QUICKLY TO FIX A CASE OF WAGE THEFT. THIS MAN IS DIFFERENT. HE'S PLAYING A CAT-AND-MOUSE GAME.

NOW THAT YOU'VE FILED WITH THE TEXAS WORKFORCE COMMISSION WE'LL KEEP THE PRESSURE ON REV. DUNN, SO HE KNOWS A LOT OF US ARE HELPING YOU... AND WE'RE NOT GOING AWAY.

WILL THAT BE ENOUGH?

WE'LL SEE. THE MOST IMPORTANT THING IS THAT YOU ARE STANDING UP TO DEMAND RESPECT FOR YOUR WORK AND INSPIRING OTHER WORKERS TO DO THE SAME.

IT IS IMPORTANT THAT WORKERS STAND UP FOR THEMSELVES BECAUSE SO FEW STATES HAVE LAWS AIMED AT WAGE THEFT. THIS LEAVES THE JOB OF ENFORCEMENT UP TO THE FEDERAL GOVERNMENT.

BUT THE U.S. DEPARTMENT OF LABOR HAS TEN TIMES FEWER INVESTIGATORS THAN SEVENTY YEARS AGO, WHEN MINIMUM WAGE LAWS WERE FIRST ENACTED.

SO UNTIL STRONGER LAWS ARE PASSED, GROUPS LIKE THE FAITH AND JUSTICE WORKER CENTER AND THE COLLECTIVE ACTIONS OF WORKERS ARE THE MOST EFFECTIVE TOOLS FOR JUSTICE.

SO THE WORKFORCE COMMISSION STARTED CONTACTING THEM BY LETTER. IN THE MEANTIME, FAITH AND JUSTICE WAS DOING MORE THAN THE COMMISSION!

UNFORTUNATELY WE HAD TO CONTINUE SHOWING OUR CAPACITY TO MOBILIZE FOLKS, AS HE WOULD TRY TO IGNORE US OR DELAY PAYMENTS AND MAKE FALSE PROMISES WHEN WE WOULD COME BY WITH NEW CASES OF WORKERS THAT HAD APPROACHED US.

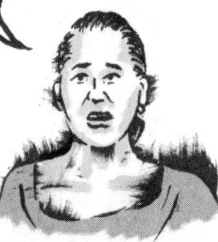

HOW WE CAN STOP WAGE THEFT!

TOGETHER, WE CAN STOP WAGE THEFT! CONSIDER HOW TO GET INVOLVED.....

LEARN

www.iwj.org/issues/wage-theft

Wage Theft in America: Why Millions of Americans Aren't Getting Paid and What We Can Do About It by Kim Bobo (New Press, 2011)

"Broken Laws, Unprotected Workers" report at: www.unprotectedworkers.org/

www.canmybossdothat.com (National)

www.downwithwagetheft.org (Houston Area)

"Building Injustice" http://www.buildtexas.org/Building%20_Austn_Report.pdf

"On the Corner" http://www.sscnet.ucla.edu/issr/csup/uploaded_files/Natl_DayLabor-On_the_Corner1.pdf

"Home Economics" http://www.domesticworkers.org/homeeconomics/

PRAY

www.iwj.org/resources/prayer-litany-wage-theft

JOIN

In Houston:
Faith and Justice Worker Center
www.houstonworkers.org
713-862-8222

National: Workers Centers and other Interfaith Worker Justice Affiliates:
www.iwj.org/network

REPORT THEFT

in Houston:
713-862-8222

anywhere else:
U.S. Dept. of Labor
www.wagehour.dol.gov
1-866-487-9243

MORE WAYS TO... TAKE ACTION

www.iwj.org/issues/wage-theft

¿COMO PODEMOS DETENER EL ROBO DE SALARIOS?

¡Juntos podemos detener el robo de salarios! Considere como involucrarse...

APRENDA

www.iwj.org/issues/wage-theft

Wage Theft in America: Why Millions of Americans Aren't Getting Paid and What We Can Do About It by Kim Bobo (New Press, 2011)

"Leyes quebrantadas, trabajadores desprotegidos," reporte en: www.unprotectedworkers.org

www.cannybossdothat.com (National)

www.downwithwagetheft.org (Houston Area)

ÚNASE A

TRABAJADORES DEL HOGAR

"Home Economics:" http://www.domesticworkers.org/homeeconomics/

JORNALEROS

"On the Corner:" http://www.sscnet.ucla.edu/issr/csup/uploaded_files/Natl_DayLabor-On_the_Corner1.pdf

TRABAJADORES DE CONSTRUCCIÓN

"Building Injustice:" http://www.buildtexas.org/Building%20Austin_Report.pdf

En Houston:
Centro Laboral
Fe Y Justicia
713-862-8222
www.trabajadoreshouston.org

A Nivel Nacional:
Centros Laborales y Otros Grupos de Fe:
www.iwj.org/network

RECE

www.iwj.org/resources/prayer-litany-wage-theft

SEÑALE EL ROBO

en Houston:
713-862-8222

Cualquier otro lado:
Depto. Federal de Labor
www.wagehour.dol.gov
1-866-487-9243

MÁS MANERAS DE TOMAR MEDIDAS

www.iwj.org/issues/wage-theft

PERO KATHY DECIDIÓ TOMAR OTRO CAMINO:

¡EN LUGAR DE ESO, YO FUI A LA COMISIÓN LABORAL DE TEXAS. ELLOS TIENEN UN ARCHIVO DE DUNN! EL ABRE NEGOCIOS BAJO DIFERENTES NOMBRES Y NO LE PAGA A LA GENTE, DESPUÉS CIERRA EL NEGOCIO, Y DESPUÉS LO ABRE CON OTRO NOMBRE.

"...DEBEMOS DE SER CUIDADOSOS DE CÓMO NOS PRESENTAMOS PORQUE UNO NUNCA SABE QUIEN ESTÁ EVALUANDO LA EVIDENCIA."

UNA SEÑORA CON LA QUE TRABAJÉ EN EL CENTRO DE ATENCIÓN ME CONTÓ ACERCA DE LAURA Y DEL CENTRO DE TRABAJADORES.

USTED ES EL CUARTO EMPLEADO DE ALDINE QUE REPORTA UN PROBLEMA PARA QUE LE PAGUEN.

ALGUNOS EMPLEADORES SOLAMENTE DESCONOCEN LA LEY, Y SE MOVILIZAN RÁPIDAMENTE PARA ARREGLAR UN CASO DE ROBO DE SALARIOS. ESTE SEÑOR ES DIFERENTE. EL ESTÁ JUGANDO AL GATO Y AL RATÓN.

AHORA QUE HA LLENADO LA QUEJA CON LA COMISIÓN LABORAL DE TEXAS NOSOTROS MANTENDREMOS LA PRESIÓN EN EL REV. DUNN, PARA QUE ÉL SEPA QUE MUCHOS ESTAMOS AYUDÁNDOLO A UD.... Y NOSOTROS NO NOS VAMOS.

¿ESO SERÁ SUFICIENTE?

YA VEREMOS. LO MÁS IMPORTANTE ES QUE USTED SE DECIDIÓ A EXIGIR RESPETO POR SU TRABAJO Y ESTÁ INSPIRANDO A OTROS TRABAJADORES PARA QUE HAGAN LO MISMO.

ES IMPORTANTE QUE LOS TRABAJADORES SE DEFIENDAN ELLOS MISMOS PORQUE POCOS ESTADOS TIENEN LEYES SOBRE EL ROBO DE SALARIOS. POR ESO EL TRABAJO DE APLICAR ESTAS LEYES QUEDA EN MANOS DEL GOBIERNO FEDERAL.

PERO EL DEPARTAMENTO DE TRABAJO TIENE DIEZ VECES MENOS INVESTIGADORES QUE HACE SETENTA AÑOS, CUANDO SE DECLARARON LAS LEYES DE SALARIO MÍNIMO POR PRIMERA VEZ.

POR ESO, HASTA QUE APRUEBEN LEYES MÁS SEVERAS, LOS GRUPOS COMO EL CENTRO DE TRABAJADORES DE FE Y JUSTICIA Y LAS ACCIONES COLECTIVAS DE LOS TRABAJADORES SON LAS HERRAMIENTAS MÁS EFECTIVAS PARA OBTENER JUSTICIA.

ENTONCES LA COMISIÓN DE FUERZA LABORAL EMPEZÓ A CONTACTARLOS CON UNA CARTA. MIENTRAS TANTO, FE Y JUSTICIA ESTABA HACIENDO MÁS QUE LA COMISIÓN.

DESAFORTUNADAMENTE NOSOTROS TUVIMOS QUE SEGUIR DEMOSTRANDO NUESTRA CAPACIDAD DE MOVILIZAR GENTE, MIENTRAS EL TRATABA DE IGNORARNOS O DILATAR LOS PAGOS Y HACER FALSAS PROMESAS CUANDO NOSOTROS VENÍAMOS CON CASOS NUEVOS DE TRABAJADORES QUE NOS CONTACTABAN.

¿QUIÉNES SON LAS VÍCTIMAS DE ROBO DE SALARIOS?

De los trabajadores urbanos de bajo salario

- 32.8% de los Latinos
- 19.1% de los Afro Americanos
- 15.1% de los Asiáticos
- 7.8% de los Blancos

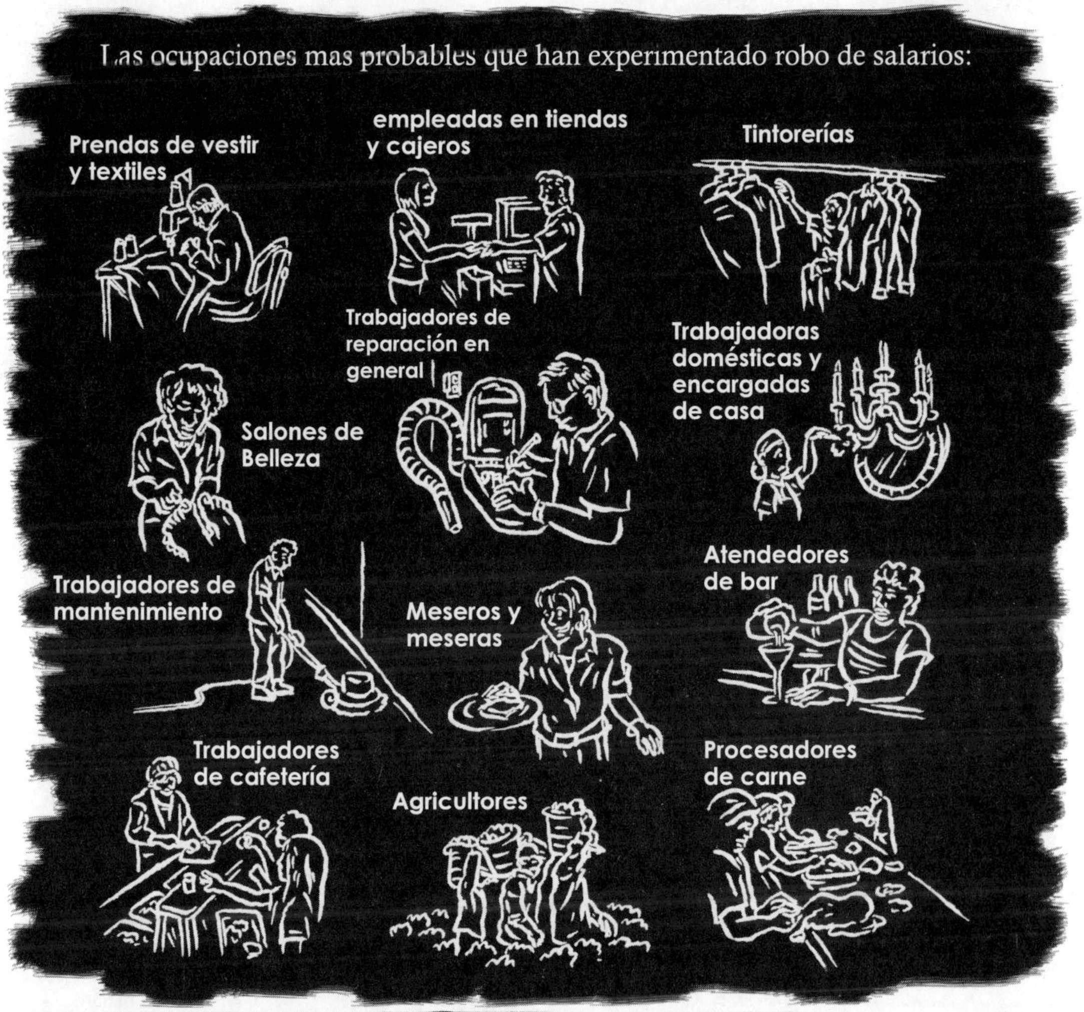

Las ocupaciones más probables que han experimentado robo de salarios:

- Tintorerías
- Empleadas en tiendas y cajeros
- Prendas de vestir y textiles
- Trabajadoras domésticas y encargadas de casa
- Trabajadores de reparación en general
- Salones de Belleza
- Atendedores de bar
- Meseros y meseras
- Trabajadores de mantenimiento
- Procesadores de carne
- Agricultores
- Trabajadores de cafetería

Los inmigrantes indocumentados son víctimas de robo de salarios con más frecuencia que los inmigrantes con documentos y los ciudadanos, pero a esos grupos también les roban los salarios a niveles muy altos.

Violación al...	Inmigrantes Indocumentados	Inmigrantes con Documentos	Ciudadanos
Salario Mínimo	37.1%	21.3	15.6
Tiempo extra	84.9%	67.2	68.2
"Tiempo fuera del horario"	76.3%	68.9	67.0

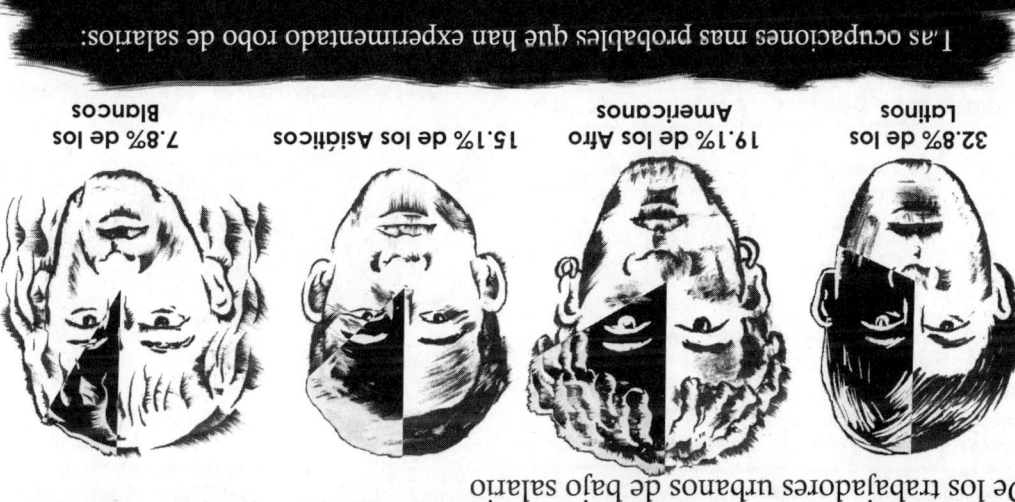

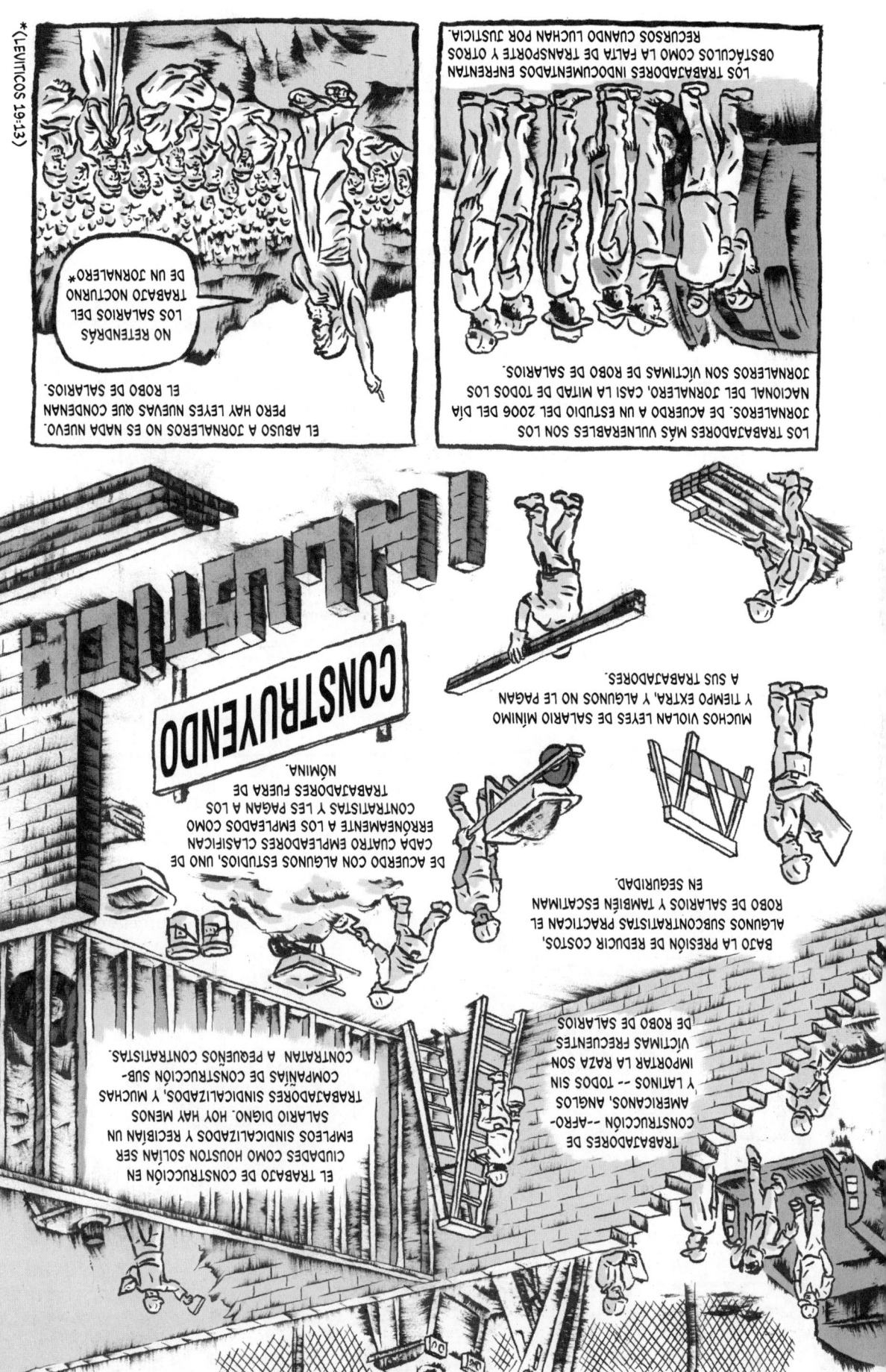

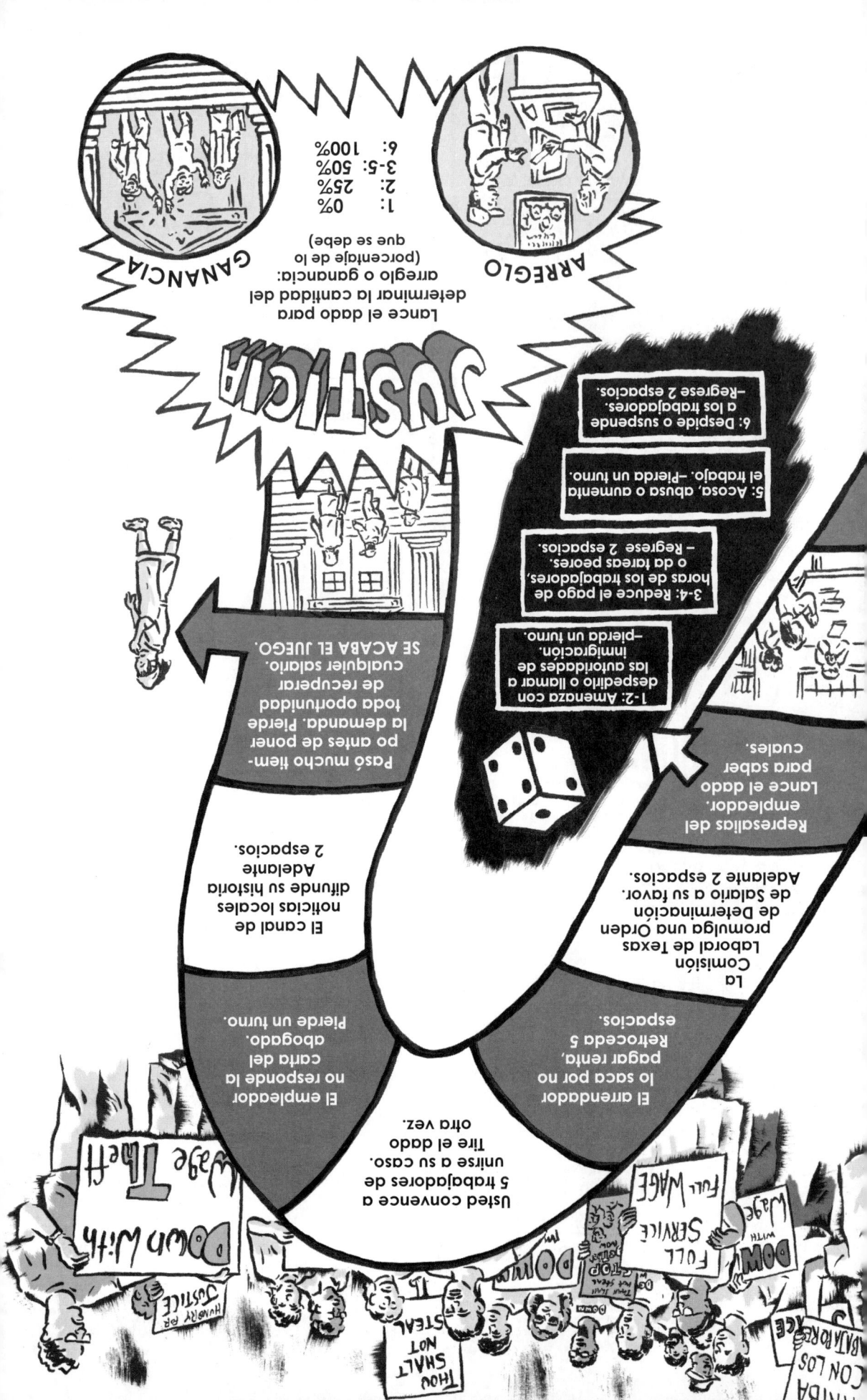

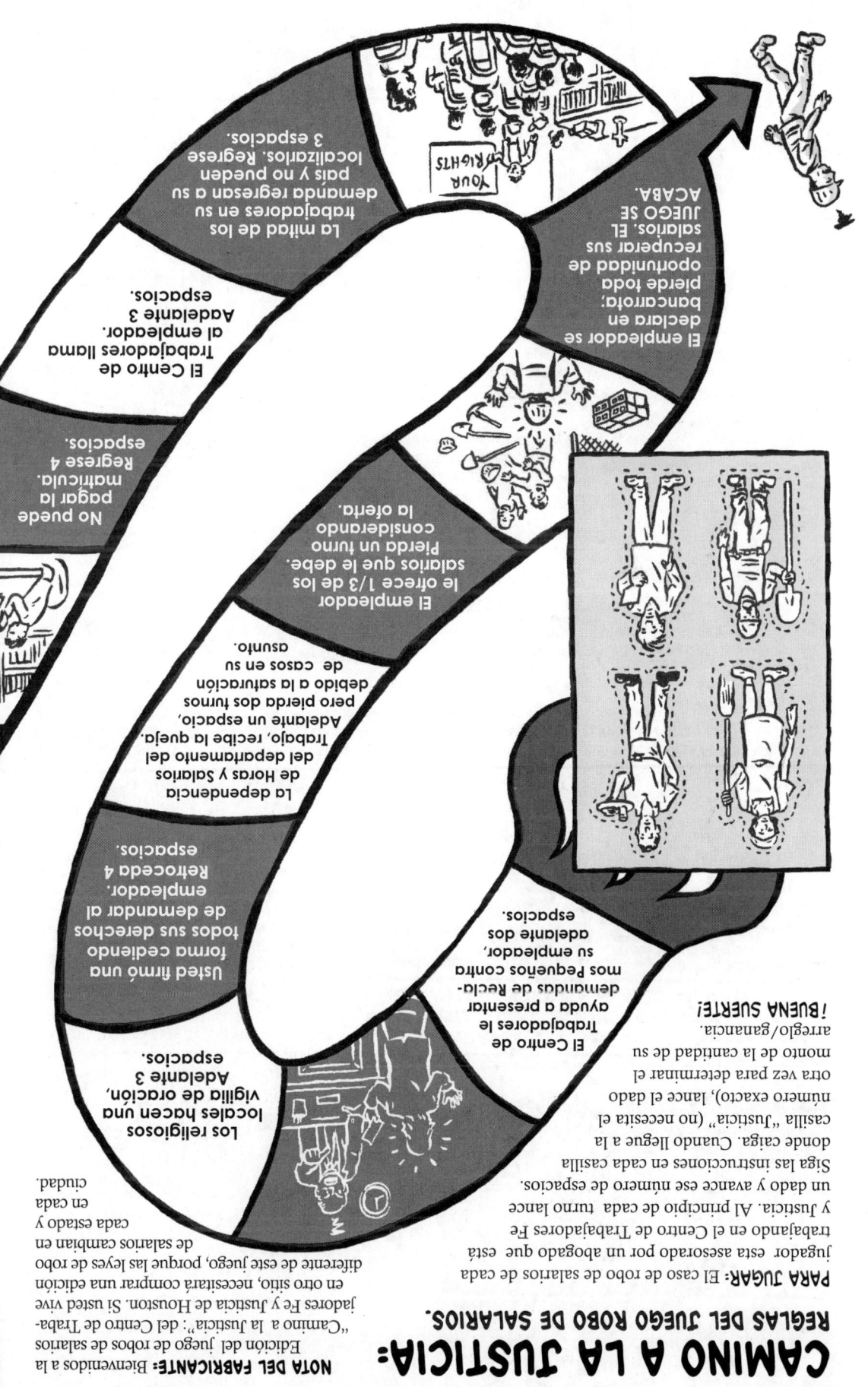

EL CENTRO DE FE Y JUSTICIA TIENE REUNIONES FRECUENTES CON TRABAJADORES ACERCA DE "CONOZCA SUS DERECHOS," Y ALGUNAS VECES REFIEREN CASOS AL ABOGADO.

HASTA AHORA, SOLAMENTE SEBASTIÁN Y MANUEL SE HAN UNIDO AL CASO. LOS OTROS ESTÁN ASUSTADOS O SE HAN ALEJADO. ¿CONSEGUIRÁN ELLOS LO QUE LES DEBEN? PASE LA HOJA PARA VER ALGUNAS OPCIONES.

DECIDIDOS A ENCONTRAR JUSTICIA, SEBASTIÁN Y MANUEL FUERON AL CONSULADO GUATEMALTECO DONDE ENCONTRARON A ALMA, QUIEN ABOGA POR CIUDADANOS GUATEMALTECOS QUE VIVEN Y TRABAJAN EN LOS ESTADOS UNIDOS.

ALMA LES ACONSEJO QUE RENUNCIARAN AL TRABAJO INMEDIATAMENTE Y HABLARAN AL CENTRO DE TRABAJADORES.

JEREMÍAS TODAVÍA ESTÁ ESTUDIANDO, Y ES MESERO EN OTRA PARTE.

PERO EL ROBO DE PROPINAS NO ES LA ÚNICA FORMA DE ROBO DE SALARIO EN RESTAURANTES. SEBASTIÁN ES UN MAYA DE GUATEMALTECO Y TRABAJA LAVANDO PLATOS POR DOCE HORAS AL DÍA POR UN PAGO MUY BAJO.

EL CASO TODAVÍA ESTÁ PENDIENTE. EL DUEÑO RECONOCIÓ QUE LE DEBÍA A LOS TRABAJADORES MÁS DE $14,000 PERO TAMBIÉN LOS DEMANDÓ POR DIFAMACIÓN Y EL RESTAURANTE CERRÓ UNOS POCOS MESES DESPUÉS.

LOS TRABAJADORES QUE ESTÁN LUCHANDO POR SUS PROPIOS CASOS DE ROBO DE SALARIOS EN EL CENTRO DE TRABAJADORES FE Y JUSTICIA VINIERON A APOYAR A LOS MESEROS.

LOS TRABAJADORES DE RESTAURANTE COMO JEREMÍAS ESTÁN AL CENTRO DE LA EPIDEMIA DEL ROBO DE SALARIOS.

DE ACUERDO CON EL ESTUDIO "LEYES QUEBRANTADAS TRABAJADORES DESPROTEGIDOS", AL 59% NO LES PAGARON HORAS EXTRA, AL 13% NO LES PAGARON EL SALARIO MÍNIMO, Y, COMO A JEREMÍAS, AL 19% LOS PATRONES LES ROBARON LAS PROPINAS.

"¿AH? ¿ESTE ES UN CHEQUE PERSONAL, NO HAY NADA ACÁ ACERCA DE IMPUESTOS, Y..."

¿QUÉ LE PASÓ A MIS PROPINAS?

EL PAGO DE PROPINAS CON TARJETA DE CRÉDITO HACE MÁS FÁCIL QUE LOS PATRONES SE LAS ROBEN. ESTO ES LO QUE PASÓ EN RUGGLES, UN RESTAURANTE POPULAR EN HOUSTON, DONDE EL 90% DE LOS CLIENTES PAGAN DE ESA MANERA.

DESPUÉS DE QUE LAS PETICIONES PARA QUE LES PAGARAN SALARIO COMPLETO Y PROPINAS FUERON IGNORADAS POR EL DUEÑO DURANTE MESES, LOS MESEROS DECIDIERON PONERLE FIN A ESTE ABUSO.

"¿QUÉ LE VOY A DECIR AL ARRENDADOR?"

"¿EL TIENE EFECTIVO PARA ABRIR UNA PIZZERÍA PERO NO PARA PAGARNOS?"

UN SÁBADO POR LA NOCHE EN DICIEMBRE DEL 2011, JEREMÍAS Y OTROS CUATRO MESEROS HICIERON UNA HUELGA... CON EL APOYO DE UN ALIADO SORPRESA.

"LO SENTIMOS AMIGOS, PERO NOSOTROS YA DEJAMOS DE TRABAJAR DE GRATIS."

"A MÍ NO ME INTERESA SI YO SOY PARTE DE LA GERENCIA. USTEDES DEBEN DE RECIBIR PAGO."

LA HUELGA ATRAJO LA ATENCIÓN DE LOS MEDIOS LOCALES, PERO NO OBTUVIERON JUSTICIA. ENTONCES LOS MESEROS PRESENTARON UNA DEMANDA ANTE LA COMISIÓN LABORAL DE TEXAS.

SER MESERO ES UN TRABAJO DURO. PARA ALGUNOS, COMO JEREMÍAS, AL MENOS SIRVE PARA PAGAR LA RENTA MIENTRAS PERSIGUEN OTRO SUEÑO.

FETUCHINI CON FRIJOLES NEGROS...

EXAMEN DE ANATOMÍA EL MARTES...

RISOTO DE MAÍZ CON CHIPOTLE ASADO.

PAGAR RENTA EL VIERNES...

¿QUÉ ES EL ROBO DE SALARIOS?

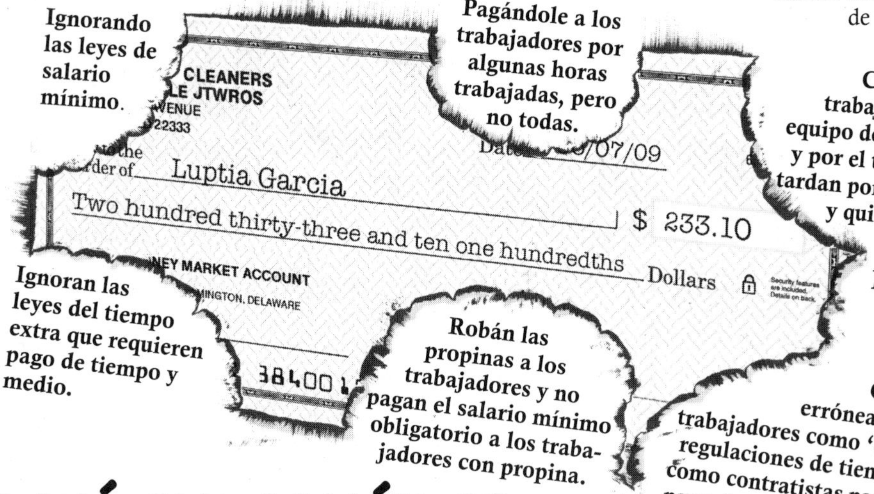

Ignorando las leyes de salario mínimo

Pagándole a los trabajadores por algunas horas trabajadas, pero no todas.

Cobran a los trabajadores por equipo de seguridad y por el tiempo que tardan poniéndoselo y quitándoselo.

No pagan salarios debidos

Clasifican erróneamente a los trabajadores como 'exentos' de regulaciones de tiempo extra o como contratistas para evitar el pago de beneficios e impuestos.

Roban las propinas a los trabajadores y no pagan el salario mínimo obligatorio a los trabajadores con propina.

Ignoran las leyes del tiempo extra que requieren pago de tiempo y medio.

La historia de Lupita no es única. Los empleadores se roban el salario de los trabajadores de varias maneras.

¿QUÉ TAN COMÚN ES EL ROBO DE SALARIOS?

En el 2009, académicos reconocidos nacionalmente publicaron el estudio "Leyes quebrantadas, Trabajadores Desprotegidos". Ellos encontraron que de 4,387 trabajadores de bajos salarios que fueron entrevistados en trece idiomas, en las tres ciudades más grandes de U.S.A., que el 43.6% de los trabajadores experimentaron robo de salarios el año anterior.

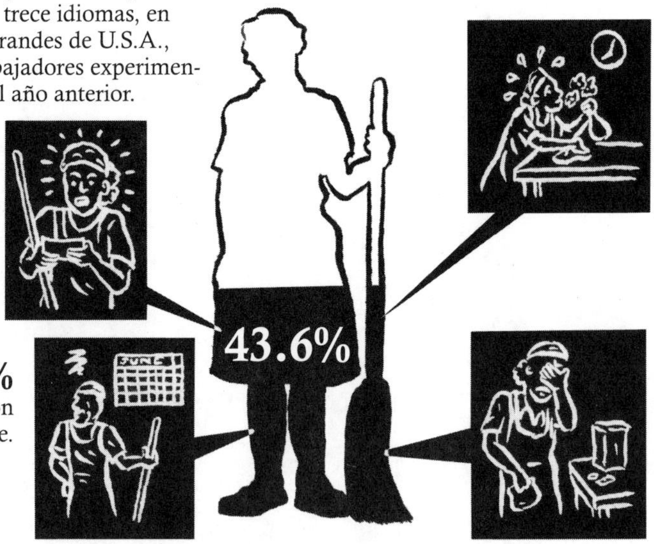

- **Al 16.6%** les pagaron menos de lo que les debían.
- **Al 24.6%** les pagaron tarde.
- **Al 5.6%** no les pagaron nada.
- **El 27.8%** trabajaron horas extras sin pago.

De $339 ganados, el promedio que perdió el trabajador fue de $51 por semana. Esto se traduce en $2,634 al año, un 15% del sueldo anual real de $17,616. Si ese trabajador trabajara 40 horas a la semana, las primeras 6.67 horas serían no pagadas.

LUNES	MARTES	MIÉRCOLES	JUEVES	VIERNES
6.67 horas no pagadas				8 horas trabajadas al día.

ADEMÁS ENCONTRAMOS DEDUCCIONES ILEGALES EN NUESTRO PAGO.

HAY UN DESCUENTO DE $25.00 POR LLEVADAS A LAS CASAS EN LA VAN.

¿ELLA PUEDE HACER ESO?

UNA VEZ, UNA TRABAJADORA HIZO DEL DOS EN UN BAÑO Y SE LE OLVIDÓ BAJARLE. LA DUEÑA ESTABA FURIOSA.

¡NOS CANCELARON EL CONTRATO PORQUE NO SUPERVISASTE BIEN A LAS DOMÉSTICAS! TE VOY A DESCONTAR $500.00 DE TU PAGO.

TODAS ESAS COSAS QUE LA DUEÑA NOS HACÍA NOS MOLESTABAN, PERO HASTA CUANDO ELLA ME ACUSÓ DE UN ROBO FUE QUE DECIDIMOS DEFENDERNOS.

TODO EMPEZÓ CUANDO ME DI CUENTA QUE LA DUEÑA LE PAGABA MÁS A OTRA TRABAJADORA.

OIGAN, SE ESTÁN APROVECHANDO DE NOSOTROS PORQUE A UNA LE ESTÁN PAGANDO MÁS QUE A LAS DEMÁS.

JEFE ESCUCHANDO LA CONVERSACIÓN DEL TELÉFONO DE LA TRABAJADORA.

LA SEMANA SIGUIENTE, LA DUEÑA ME DIJO QUE EN UNA DE LAS CASAS TENÍAN CÁMARAS DE VIDEO, Y QUE TENÍAN PRUEBA DE QUE YO HABÍA ROBADO UN CHIP DE LA COMPUTADORA.

ENTONCES, VENGA A MI APARTAMENTO Y BUSCA ENTRE MIS COSAS. ¿A VER SI PUEDE ENCONTRAR EL CHIP AHÍ?

NO, NO PODEMOS MOSTRÁRTELO.

¿DÓNDE YO ESTOY ROBANDO EL CHIP. MUÉSTREME EL VIDEO

ELLA VINO Y BUSCÓ POR MI APARTAMENTO, PERO CLARO QUE NO ENCONTRÓ NADA PORQUE YO NO ME HABÍA ROBADO NADA, ASÍ QUE, YO GANÉ MI DINERO!

CREASTE PROBLEMAS Y AHORA TODAS LAS OTRAS EMPLEADAS ESTÁN MOLESTAS CONMIGO.

TÚ EMPEZASTE TODO ESTE LÍO.

NOSOTROS SIEMPRE LE DIJIMOS DE ESTAS COSAS PERO USTED NUNCA ESCUCHÓ NUESTROS PROBLEMAS.

ENTONCES A TRAVÉS UNA AMIGA DE ZENAIDA SUPIMOS DEL CENTRO DE TRABAJADORES FE Y JUSTICIA DE HOUSTON.

¿SABE QUÉ? SU JEFA NO PUEDE HACER ESO, Y USTED NO TIENE PORQUE QUEDARSE CALLADA -- TIENE QUE IR A ESTE LUGAR, EL CENTRO DE TRABAJADORES. ¡AHÍ LE PUEDEN AYUDAR A LUCHAR POR SUS DERECHOS!

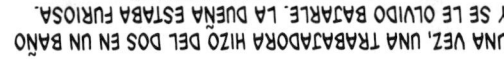

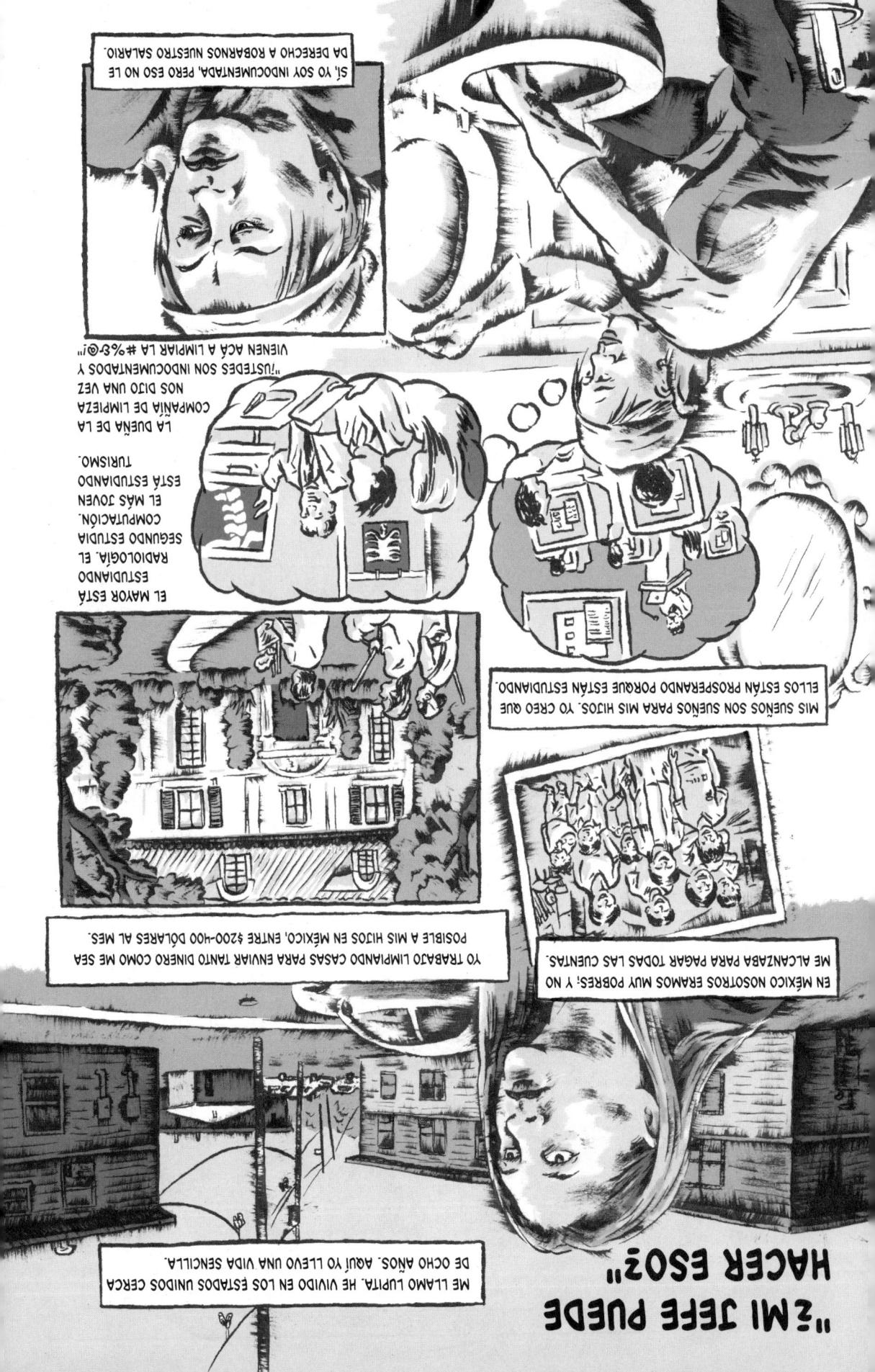

Wage Theft Comics #1
Folleto Robo de Salarios #1
Interfaith Worker Justice
www.iwj.org

Financiado en parte por fondos de la Campaña Católica para el Desarrollo Humano de la Conferencia de Obispos Católicos de los EEUU y la Campaña Católica para el Desarrollo Humano de la Arquidiócesis de Galveston-Houston.

Escritor: Jeffry Odell Korgen es el autor de *El costo verdadero de precios bajos: La violencia de globalización, Segundo Edición* (Orbis, 2013), *Solidaridad va a transformar el mundo: Historias de esperanza de Servicios Católicos de Asistencia* (Orbis, 2007), y *Mi Señor y mi Dios: Involucrando a los católicos en el ministerio social* (Paulist, 2007). Sirvió en la mesa directiva de Interfaith Worker Justice y trabajó en la Asociación de la Mesa Redonda de Directores de Acción Social de los Diócesis en el Centro Nacional de Vida Pastoral de 1998 – 2008. Desde 2008, ha servido en la Diócesis Católico de Metuchen, NJ como Director Ejecutivo del Departamento de Planeación y Comunicaciones.
Correo electrónico: jkorgen@gmail.com.

Artista/ Escritor: Kevin C. Pyle es el autor y dibujante de los docu-comicos *Pueblo de la Prisión: Pagando el precio* (Real Cost of Prisons Project, 2005), *Laboratorio EEUU: documentos iluminados* (Autonomedia, 2001), y porvenir *Malo para ti* (Holt, 2013). Es el autor/dibujante de las novelas gráficas *Lleve lo que puede cargar* (Holt, 2012), *Katman* (Holt, 2009) y *Punto Ciego* (Holt, 2007). Se puede encontrar sus obras en Kevincpyle.com.

Agradecimientos
Nos gustaría agradecer a los trabajadores que abrieron sus corazones y sus vidas a nosotros. Este folleto lo dedicamos a ellos. Especialmente nos gustaría agradecer a Griselda González, Zenaida Garza, Miriam Cruz, Kathy Swanson, Sebastian Macario Lindo, Marcos Garza, y Oscar Lara. Laura Pérez-Boston y Hamilton Gramajo del Centro Laboral Fe y Justicia (www.houstonworkers.org,) quienes coordinaron entrevistas en Houston, proporcionaron consultas e hicieron la revisión esencial del proyecto. Gracias también a la abogada Melissa A. Moore por su tiempo y conocimiento. Cathy Junia de Interfaith Worker Justice proporcionó comentarios en cada borrador del proyecto. Jesús Javier Pérez-Boston proporcionó transportación en Houston. Las Hermanas Dominícas de Houston proporcionaron hospedaje y comidas. Damos gracias a la familia Sperling por su generosidad y buena compañía. María Gutiérrez, Luisa Vásquez, Martha Ojeda, y Javier Bustamante proporcionaron servicios de traducción. Joan Flanagan y Honno Eichler de IWJ ofrecieron apoyo en aplicaciones para becas. Líderes católicos de justicia social Diacono Sam Dunning, Kathy Saile, y Susan Sullivan proporcionaron apoyo esencial, ánimos y consultas. Y Kim Bobo proporcionó ánimo, inspiración e información.

Información de Publicación
Este folleto se puede bajar sin costo alguno del sitio de internet de Interfaith Worker Justice (www.iwj.org). Cualquier reproducción con excepción de pasajes para propósitos de publicidad o revisión requiere el permiso escrito de
Interfaith Worker Justice. (Depto. de Comunicaciones,
IWJ, 1020 W. Bryn Mawr Ave,
Chicago, IL 60660 * 773-728-8400)

ISBN: 978-0-615-77744-3

Arte e historias son derechos de registrar (copyright) y TM 2013 Interfaith Worker Justice. Todos derechos reservados. Imprenta en EEUU.